Salvatore De Pascalis

Ricominciare a 40 anni
Come reinventarsi nel nuovo mondo del lavoro

Copyright 2020
NOTE DELL'AUTORE: DISCLAIMER & COPYRIGHT

L'intento dell'autore è semplicemente quello di offrire informazioni di natura generale per aiutarti nella tua ricerca del benessere fisico, finanziario, emotivo e spirituale.

Nel caso in cui dovessi usare le informazioni contenute in questo libro per te stesso, che è un tuo diritto, l'autore non si assume alcuna responsabilità delle tue azioni.

L'autore non può esser ritenuto responsabile dei risultati o le conseguenze di un qualsiasi utilizzo o tentativo di utilizzo di una qualsiasi delle informazioni pubblicate: nulla può essere interpretato come un tentativo di offrire un'opinione finanziaria.

Questo libro descrive opinioni ed esperienze personali dell'autore. È venduto con l'avvertenza che non offre né sostituisce consulenze legali, fiscali, finanziarie o professionali di altro tipo. Chi avesse bisogno di questo tipo di consulenze, deve rivolgersi a professionisti autorizzati. Anche se ogni sforzo è stato fatto per dare informazioni con la massima accuratezza, sono possibili errori, dimenticanze e cambiamenti successivi alla data in cui è stato redatto. L'autore e l'editore non si assumono nessuna responsabilità per eventuali danni derivanti in maniera reale o presunta dall'utilizzo di questo libro.

Tutti i diritti sono riservati. Nessuna parte di questo libro può essere riprodotta tramite alcun procedimento meccanico, fotografico o elettronico, o sotto forma di registrazione fonografica; né può essere immagazzinata in un sistema di reperimento dati, trasmesso, o altrimenti essere copiato per uso pubblico o privato, escluso l'"uso corretto" per brevi citazioni in articoli e riviste, senza previa autorizzazione scritta dell'editore.

Come reinventarsi nel nuovo mondo del lavoro

- Introduzione
- Capitolo I: Qual è il tuo scopo nella vita? Come vorresti viverla davvero?
- Capitolo II: Il mondo del lavoro nel XXI secolo
- Capitolo III: Perché è meglio creare redditi passivi anziché correre come criceti
- Capitolo IV: Sicurezza o libertà?
- Capitolo V: Perché rincorrere il posto fisso, nell'era di internet, non è conveniente
- Capitolo VI: Perché non vale la pena lavorare una vita per una pensione che forse non arriverà mai
- Capitolo VII: Come guadagnare online
- Capitolo VIII: Diversificare le entrare: dipendente part-time e soldi extra online
- Capitolo IX: Come risparmiare evitando spese inutili e usando la creatività
- Conclusione motivazionale

Introduzione

La Costituzione Italiana, unica al mondo, mette al centro il lavoro (art. 1), concetto poi ripreso nell'art. 147 dove viene specificato che i genitori devono educare i figli "nel rispetto delle loro inclinazioni naturali e delle ispirazioni". Ed è qui che poi arriva il bello! Infatti, siamo in un'epoca che non rispetta assolutamente le "inclinazioni": molto spesso ci si ritrova a fare lavori che non ci piacciono, complici anche il sistema scolastico italiano e i programmi di studio delle università che non sono al passo con i tempi e non insegnano ciò che il mondo del lavoro richiede (le seguenti professioni NON esistevano 20 anni fa: istruttore di zumba o crossfit, consulente marketing, realtà virtuale e intelligenza artificiale, e-commerce, influencer, youtuber etc etc...).

Con la società logorata dal burn out, dallo stress lavorativo e dall'eterna fobia della disoccupazione, complice anche una flessibilità che fa fatica ad entrare nella mentalità dell'italiano medio (negli USA è normale cambiare lavoro ogni 2 anni o lavorare solo a provvigione), non è semplice porre lo sguardo oltre la siepe, buttando giù il cemento di pregiudizi e vigliaccheria che spesso sorregge le nostre "sicure" mura lavorative. Per trovare una serenità che il solito frustrante lavoro (o l'altrettanto frustrante disoccupazione) ti sottrae ogni giorno in maggior misura, devi cominciare a guardarti allo specchio e analizzare la tua situazione.

Per prima cosa è necessario porsi una domanda fondamentale: la mia situazione lavorativa attuale mi soddisfa?

Io mi sono posto questa domanda alla soglia dei 40 anni, quando ho scoperto che il lavoro in banca (come consulente informatico) iniziava a starmi stretto. Mi ero completamente alienato in una routine (treno, lavoro, treno, cena, letto ☹). Avevo bisogno di nuovi stimoli ed ero diventato consapevole di essermi trasformato in un criceto che corre senza sosta verso il nulla, senza una meta. Il tempo, la risorsa più preziosa, mi stava scivolando tra le mani, avevo rimandato per troppo tempo la decisione di fare il mio switch, di guardarmi attorno e ricominciare. Poi, finalmente quel momento arrivò! Tra tante sirene e guru della finanza, 1000 post sponsorizzati sui social, ho trovato le opportunità che mi hanno permesso di essere ciò che sono oggi. In fase di cambiamento ho guardato anche all'aspetto più pratico della vicenda, ovvero quello riguardante il bilancio tra entrate e uscite delle mie finanze e la loro natura: il cosiddetto cash flow, o flusso di cassa. Si parla dunque di tutta la sfera che ruota attorno al guadagno, che può essere attivo o passivo.

Ma come destreggiarsi tra le varie sfaccettature di un argomento così delicato? Farti conoscere questa sostanziale differenza può costituire per te motivo di consapevolezza e miglioramento del tuo stile di vita.

In che modo? Partendo dalla riscoperta dei propri mezzi e della propria situazione per raggiungere l'orizzonte che ti meriti di ammirare e che, fino ad ora, hai solo potuto scorgere da lontano. Ricordati che la sicurezza (o presunta tale) del lavoro da dipendente, oltre a essere vana e a portare a lungo termine a stati depressivi e di frustrazione dovuta alla non corrispondenza tra impegno e guadagno, non è paragonabile alla libertà che otterrai se deciderai di cambiare il tuo punto di vista.

Questo e-book è incentrato sui metodi più validi per il miglioramento del proprio flusso di cassa (o cash flow in lingua originale) nell'ottica di generare guadagni passivi che sappiano sostituire i più classici guadagni attivi in modo da procurarsi un reddito cospicuo anche a lungo termine.

Tra le altre cose, si parla dei quattro quadranti di Kiyosaki (ideatore di numerose teorie sul risparmio e sul guadagno), facenti parte di un modello che distingue i lavoratori in due categorie: quelli che generano un guadagno attivo e quelli che generano un guadagno passivo.

Quest'ultimo, man mano che si prosegue nella lettura del libro, risulterà sempre più convincente rispetto al primo: il concetto di minima spesa massima resa verrà ampiamente messo in luce al fine di evidenziare come lavorare "alla vecchia maniera" sia un modo troppo dispendioso e poco conveniente di guadagnarsi da vivere.

Il sistema del posto fisso costituisce infatti un'attività lavorativa poco redditizia e sproporzionata rispetto agli sforzi richiesti, tuttavia la maggior parte delle persone continua a preferire questa modalità di guadagno in quanto teme la perenne precarietà tipica della nostra società.

Sarà poi spiegato, nelle pagine che seguono, come questa eccessiva precauzione sia in realtà una vigliaccheria nonché un'arma a doppio taglio: con i conti dell'INPS sempre più in rosso e le paghe sempre più ridotte la pensione diventa sempre più un miraggio e si sposta sempre di più verso un età troppo avanzata per poter essere goduta.

Appare dunque sempre più ovvio come generare dei redditi alternativi sia in realtà l'attività più redditizia e intelligente per riuscire a mettere da parte i soldi necessari per crearsi un proprio salvadanaio nonché una "pensione fai-da-te". Questi redditi alternativi, al giorno d'oggi, possono provenire anche dal mondo del web, acerrimo nemico dell'ormai obsoleto modello del posto di lavoro fisso.

Le alternative lavorative online sono molteplici e sono tutte pronte ad assecondare le inclinazioni e le passioni di chi ha intenzione di fare dei propri hobby un vero e proprio lavoro: dalla scrittura al trading in borsa, dalla vendita di piccoli oggetti e di vecchie cianfrusaglie alla creazione di blog o affiliazioni, fino ai sondaggi.

Guadagnare online è ormai una delle attività più redditizie e stimolanti e sostituisce a pieno titolo la monotona inerzia del lavoro da dipendente.

Prima di consultare il web, in ogni caso, il passo fondamentale da compiere per riuscire a tagliare in modo sempre più netto il cordone che ci lega al "posto fisso" è la riscoperta del proprio scopo di vita e di quelli che sono i propri obiettivi: solo così sarà possibile assecondare le proprie passioni e generare redditi sempre più floridi da esse.

Uno degli accorgimenti più importanti per riuscire a vivere "di rendita" a possedere un cash flow sempre positivo, infine, è il risparmio: attività che, se concepita nel modo giusto, potrà diventare un hobby divertente nonché uno dei modi migliori per dare sfogo alla propria creatività.

Riciclare, preferire i "piedi" anziché lo spostamento tramite i mezzi pubblici e le auto, munirsi di un budget limitato per cucinare... sono tutti metodi di risparmio che ci garantiscono di arrivare a fine mese con un ampio margine.

Grazie a questa semplice guida guadagnare divertendosi in modo originale e alternativo non sarà più un'utopia, e potrà permettere, a chi ne comprenderà appieno il significato, di generare profitti sempre maggiori avendo la possibilità di godere di una buona pensione.

Capitolo I
Qual è il tuo scopo nella vita? Come vorresti viverla davvero?

Se stai leggendo queste pagine, sicuramente hai voglia di cambiare qualcosa nella tua vita.
Se sei insoddisfatto, ricordati che sei un contenitore di passioni e potenzialità che possono procurarti una vita appagante e un'esperienza lavorativa modellata sull'espressione "minima spesa massima resa"!
La "sicurezza" del tuo posto fisso è davvero un porto così sicuro?
Inoltre, è davvero rinunciando alla tua libertà che hai intenzione di guadagnarti da vivere?
Grazie a queste domande sarai indirizzato a interrogarti su quale sia in verità il senso della tua vita e a come hai intenzione di condurla, ricordandoti essa può essere ribaltata grazie all'adozione di metodi di guadagno possono diventare per te motivo di riscoperta di passioni che avevi dimenticato.
Se comprenderai appieno il significato di questo libro riuscirai a vivere in tutta serenità e non sarai più costretto a sacrificare il tuo equilibrio mentale o la compagnia dei tuoi cari per portare a casa uno stipendio: diventerai l'indiscusso nonché unico gestore del tuo tempo e sarai in grado di concederti periodi di vacanze o di meritato riposo senza sentirti in colpa perché ti stai privando di soldi importanti.
Prendere in mano le redini della tua vita spetta solo a te: cerca di sfruttare le tue conoscenze e le tue passioni al meglio, nell'ottica di migliorare sempre di più non solo l'aspetto del tuo borsellino, ma anche il tuo stile di vita e quello di chi ti sta attorno! Fai in modo che i concetti espressi all'interno di questo e-book siano per te motivo di rinascita interiore e di riavvicinamento alle tue passioni!
Nell'introduzione ti ho parlato di "seguire le proprie passioni e le proprie inclinazioni", ed è proprio questo il vero segreto per riuscire a cominciare a guadagnare in modo appagante e ottimale. Dopo tutto è dimostrato che quando si fa qualcosa con il giusto stato d'animo e con il piacere di farlo, anche il rendimento è migliore!
Sono presenti infinite possibilità che possono rispecchiare alla perfezione quelle che sono le tue passioni e le tue preferenze.

Tuttavia, non è sempre semplice riuscire a far fruttare le proprie inclinazioni, e in altri casi invece non si è ben sicuri di quale sia la migliore strada da intraprendere.

In questi casi, è necessario porsi in una condizione di assoluta serietà e caparbietà e farsi le seguenti domande:

"Qual' è il mio scopo nella vita? Come vorrei viverla davvero?"

È arrivato per te il momento di metterti in gioco e di scegliere se è il caso di continuare a vivere la tua vita in un degradante ufficio dai tratti sempre più frustranti, o ribaltare completamente il finale della tua storia donandole una nuova possibilità di risorgere.

Anche nel caso in cui la totale indecisione che non ti permettesse di cominciare a percorrere la strada migliore, il web può darti una mano. Ci sono alcuni corsi e formatori (se non ne conosci, posso consigliartene io alcuni molto validi) che sapranno suggerirti una serie di alternative che possono diventare per te motivo di scelta o di semplice ispirazione.

Dare uno scopo alla tua vita tramite i tuoi sogni e le tue passioni non è più un'utopia, da oggi puoi trasformare tutti i tuoi "vorrei" in certezze e tutti i tuoi debiti in crediti!

Nel prossimo capitolo vedremo insieme come sfruttare al meglio internet proprio a questo scopo: scoprirai passioni che non credevi di avere e interessanti hobby che possono trasformarsi in entrate monetarie concrete e solide.

Capitolo II
Il mondo del lavoro nel XXI secolo

Per capire meglio il mondo del lavoro di oggi, è utile fare riferimento a un particolare modello ideato da Robert Kiyosaki, un investitore nonché uomo d'affari americano, che in uno dei suoi più celebri libri "Padre ricco, padre povero" illustra il concetto dei "quattro quadranti del cash flow".

Ognuno dei quadranti si riferisce a un determinato tipo di lavoratore:

1. Lavoratore dipendente (D): guadagna uno stipendio grazie al lavoro per conto di qualcuno.
2. Lavoratore autonomo (A): guadagna lo stipendio lavorando per conto proprio.
3. Titolare di impresa (T): è in possesso di un'attività composta da lavoratori, suoi dipendenti.
4. Investitore (I): percepisce i guadagni dai propri investimenti.

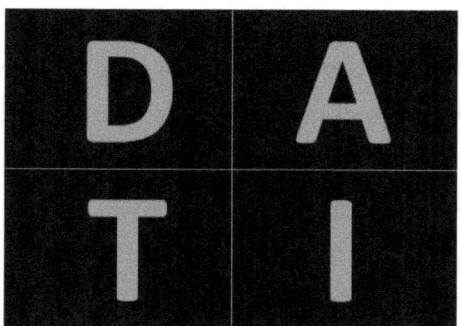

Questi quattro quadranti si suddividono verticalmente in due sezioni che riguardando rispettivamente:

1. guadagno attivo: "tu lavori per i soldi" (appartengono a questa categoria il dipendente e il lavoratore autonomo)
2. guadagno passivo: "i soldi lavorano per te" (appartengono a questa categoria i titolari d'impresa e gli investitori)

Vediamo ora di collocare all'interno di questo modello i diversi tipi di lavoratore, aiutandoci con esempi pratici e con un'analisi un po' più approfondita di ciascun quadrante.

D – Dipendenti

Il lavoratore dipendente è colui che, assunto da un'azienda, lavora duramente alle dipendenze di uno o più superiori. Il lavoratore dipendente non può decidere come organizzare il suo tempo e se vuole guadagnarsi una promozione deve compiere sforzi sovrumani con l'unico risultato far crescere anche le tasse oltre allo stipendio. Un eventuale periodo di malattia compromette anche una corrispondente parte di guadagno.

In questa categoria sono collocate le persone che hanno bisogno di certezze e sicurezze, anche se vane.

A – Lavoratori Autonomi

Il lavoratore autonomo è colui che lavora per conto proprio, il cosiddetto "libero professionista". Egli è capo di se stesso e può maturare uno stipendio maggiore non rinunciando alla propria identità. Tuttavia, anche se la gestione personale del proprio tempo e la mancanza di superiori possono dare l'impressione di essere più liberi rispetto alla categoria precedente, più si procede con un'attività autonoma più ci si rende conto di essere dipendenti di se stessi. In caso di malattia o temporanea sospensione delle attività lavorative, infatti, il guadagno cesserebbe.

A questa categoria appartengono dottori, avvocati, psicologi ecc...

T – Titolari d'Azienda

Questa categoria comprende i titolari di aziende che sono soliti delegare mansioni a persone da loro selezionate (talvolta più competenti dei titolari stessi), creando così un vero e proprio organismo lavorativo personale. Il caso dei titolari d'azienda è il tipico esempio di guadagno passivo, in cui non è il lavoratore in prima persona a guadagnare dei soldi, ma sono "i soldi a lavorare per lui". Se il sistema lavorativo creato è ottimale, esso potrà fruttare guadagni al titolare anche in caso di malattia o vacanze.

Questo quadrante è occupato per esempio dai gestori di attività di Marketing e Network Marketing o da imprenditori con almeno 50 dipendenti.

I – Investitori
L'ultima porzione dei quadranti di Kiyosaki è occupata dagli individui che vivono letteralmente di rendita grazie ai loro investimenti, i quali, se saputi fare, permettono di generare altri soldi in modo continuo. Questo è il massimo esempio di "soldi che generano soldi", in quanto un investimento di denaro permette di raggiungere somme ben più cospicue permettendo un guadagno sempre più elevato.

Si tratta di coloro che guadagnano grazie al mercato immobiliare, alle operazioni in borsa, ai diritti di autore o alle rendite da aziende.

E tu, in quale quadrante stai vivendo?

Ma soprattutto, sei soddisfatto della situazione in cui sei, basandoti su questa classificazione?
A proposito di questo, ti sarà risultato chiaro come, la sezione del cosiddetto "guadagno passivo" sia più appagante e meno sacrificata rispetto a quella del "guadagno attivo".

A questo punto possiamo partire con la mossa successiva: come migliorare la nostra situazione lavorativa e aumentare parallelamente i nostri guadagni grazie al guadagno passivo.

Capitolo III
Perché è meglio creare redditi passivi anziché correre come criceti

La vita del lavoratore dipendente o comunque di colui che deve "sgobbare" pesantemente è vista dai più come l'alternativa più sicura per se stessi e per la propria famiglia, in quanto consente di maturare una pensione e di avere una "sicurezza economica" alle spalle che permette di vivere serenamente. Tuttavia, se ci pensi bene non è che un'arma a doppio taglio: un tipo di reddito attivo come questo assicura certamente un guadagno a breve termine sicuro (seppur minimo rispetto agli sforzi), ma alla lunga risulta essere solo fumo negli occhi: spesso la pensione che si ottiene risulta essere minima e non proporzionata al lavoro svolto, oltre che ad arrivare in età troppo avanzata per poter essere goduta appieno.

È dunque logico pensare che il lavoratore caratterizzato dal guadagno attivo compia uno sforzo di gran lunga superiore a ciò che gli torna indietro.

Infatti egli, preferendo la sicurezza di un entrata sicura a "breve termine" rinuncia alla serenità e alla libertà di decidere per se stesso. Alla luce di questo: il gioco vale veramente la candela?

È davvero questo il futuro che prospetti per te?

Se saprai giocare bene le tue carte, potrai sostituire le fonti di guadagno attive, caratterizzate da smisurata fatica, poche ferie e paghe da fame, con fonti di guadagno passive, le quali in un'ottica di lungimiranza sapranno rivelarsi attività ben più redditizie delle prime.

Il reddito passivo ti permetterà di guadagnare soldi a lungo termine dedicando all'attività lavorativa solo un minimo sforzo che ti permetterà di mantenere un'entrata regolare. Questo tipo di lavoro necessita infatti di alcuni accorgimenti del mestiere, in particolar modo nella prima fase, che ti assicureranno un flusso di cassa sempre positivo. A questo punto ti starai sicuramente chiedendo quali sono, in termini pratici, i veri motivi che dovrebbero definitivamente spingerti a cominciare un'attività di reddito passivo.

A tal proposito, elenco di seguito alcuni degli sbalorditivi vantaggi promessi da questa fonte di guadagno alternativa:

- Se avvierai l'attività scelta nel modo corretto, avrai la possibilità di disporre di una cospicua somma di denaro erogata in modo costante.
- Tale somma di denaro sarà per te una sorta di piccolo salvadanaio che ti verrà incontro nei momenti di spese non programmate o imprevisti economici di vario genere.
- A lungo andare ti accorgerai che la tua entrata ti permetterà di non entrare mai in rosso con i conti
- Percepirai un senso di serenità e maggiore consapevolezza nei tuoi mezzi che con il lavoro ordinario non hai mai potuto raggiungere.

Ricordati, prima di continuare a leggere, che le prerogative fondamentali per cominciare a svolgere questo tipo di attività sono la motivazione costante, la creatività e la voglia di mettersi in gioco grazie alle proprie capacità e alle proprie passioni. Solo entrando in quest'ottica di frizzante positività riuscirai a rendere l'attività lavorativa non solo una fonte di reddito più semplice e soddisfacente, ma anche ad amare quello che fai divertendoti e appassionandoti sempre più.

Ora che abbiamo parlato di quali sono i vantaggi di questo tipo di reddito, andiamo a vedere qualche esempio pratico che potrà aiutarti a scegliere quale potrebbe essere il più adatto a te. Tra le fonti di reddito passivo maggiormente conosciute, e da me personalmente attuate, ricordiamo principalmente:

- Il settore immobiliare:

Si tratta di uno dei metodi più riconosciuti per generare un reddito passivo a lungo termine. Acquistare un lotto di terra, una fattoria o un appartamento può sicuramente essere una fonte di guadagno che permette di trarre vantaggio da essa in modo prolungato nel tempo. Così facendo, infatti, i soldi investiti inizialmente non sarebbero che un trampolino per raggiungere una situazione di rendita idilliaca in cui gli affittuari della vostra proprietà diventerebbero in qualche modo i vostri "dipendenti", i quali vi permetteranno un guadagno passivo che non prevede sforzi di alcun tipo. Molte persone hanno lavorato d'ingegno costruendo, con l'ausilio di un capitale minimo, case sugli alberi o in spaziosi garage, riuscendo nel tempo non solo a ripagare tutte le spese effettuate, ma anche a generare un flusso di guadagno continuo negli anni!

- Gli investimenti:

Quando si parla di mercato immobiliare si parla in primo luogo di investimenti. Questo perché per avviare una qualsiasi fonte di guadagno passiva è necessario compiere un determinato investimento. Tuttavia, nel senso più lato del termine, l'investimento riguarda per lo più investimenti in borsa e mercati azionari. Apprendere l'arte di saper fare trading azionario è un'attività che richiede inizialmente tempo e passione, ma che una volta metabolizzata saprà soddisfare pienamente chi decide di intraprendere questa strada. In primo luogo è bene selezionare correttamente il broker con il quale operare, e poi si opera sulle società più redditizie, individuate grazie a fattori ben precisi.
La mia personale esperienza con il trading è iniziata a marzo 2019 e mi ha permesso, grazie alla formazione costante e al supporto del broker, di raddoppiare il capitale investito. Tutto questo dedicando poche ore a settimana.

- Il Network Marketing:

Un'altra fonte di guadagno passivo è il network marketing o marketing multilivello. Questo sistema nasce nei primi anni del '900, è assolutamente legale ed è regolamentato in Italia dalla legge 143/2005. Ci sono tante aziende che propongono i loro prodotti o servizi attraverso il network marketing. Si tratta di un ottimo modo per guadagnarsi un extra o, perché no, un guadagno importante senza investire ingenti capitali. È una opportunità per tutti, non pregiudica nessuno e non richiede particolari competenze perché l'azienda, quella seria, si occupa della formazione dei consulenti.

Ho conosciuto il network marketing nel 2011, grazie ad una amica che mi invitò ad una presentazione aziendale. Inizialmente iniziai ad usare il prodotto con ottimi risultati. Ho iniziato, quindi a creare la mia piccola rete di collaboratori; dopo un po' di tempo, grazie anche alla formazione aziendale sempre costante, la rete si ingrandì e, ad oggi, continua a generare redditi passivi, provenienti anche dall'estero.

Se vuoi saperne di più su queste opportunità, inviami una mail a depsa173@gmail.com
Tutte le possibilità che ti sono state mostrate non sono che una piccola porzione di tutte le attività di reddito passivo che puoi cominciare a svolgere anche da oggi stesso e che possono cambiarti la vita!

Sei pronto a cambiare direzione alla tua vita?

Sei pronto a volerti più bene regalandoti un guadagno a lungo termine che sappia ripagare ogni tuo sforzo?

Tutto quello che ti serve è la voglia di rimetterti in gioco e tutta la tua passione!

Capitolo IV:
Sicurezza o libertà?

Il mondo in cui viviamo è caratterizzato indubbiamente da una precarietà costante che ci spinge a essere sempre alla perenne ricerca di equilibrio. Questo fenomeno si riflette in modo particolare nel campo lavorativo, facendo sentire il lavoratore moderno sempre sul filo del rasoio e mai sicuro. La vita dell'uomo medio, per cui, oggigiorno è caratterizzata da un circolo vizioso basato sullo schema "casa-lavoro": mi alzo, mi vesto per andare a lavoro, torno a casa; e così il giorno seguente e quello dopo ancora, praticamente quello che mi era successo un anno fa.

Tuttavia questa monotonia grigia e insipida non è che la tomba delle proprie passioni e della propria personalità. Questo significa che siamo ormai giunti nella situazione in cui si è capaci di vendere l'anima al diavolo pur di assicurarsi uno spersonalizzante posto fisso che possa dare l'illusione di salvarci dal baratro della precarietà, incubo temuto ormai dai più.

Non a caso nelle prime righe del libro si è parlato di "mura e cemento" in relazione alla vigliaccheria con cui si conduce l'attività lavorativa attiva: ogni giorno ci si trincera dietro un'impalcatura fatta di frustrazione e umiliazione che non lascia scampo, ponendoci dinnanzi a un orizzonte limitato e mortalmente monotono pur di non compiere un atto di coraggio che potrebbe finalmente toglierci le catene dai polsi.

Tutto quello che devi fare, se anche tu ti trovi in questa situazione che comincia sempre di più ad avere le sembianze di una prigione o di un labirinto, è liberarti da ogni paura e tuffarti in un nuovo mondo di possibilità incentrate non più sul monotono ritmo scandito dalla casa e dal lavoro, ma dalla ritrovata libertà e dal brivido del viaggio.

Il termine "viaggio" in questo senso è una parola chiave che può riferirsi a diversi significati:

- Il viaggio materiale che potrai permetterti di compiere se deciderai di passare da una fonte di guadagno attivo a una di natura passiva: se sceglierai di prenderti un po' di

tempo per esplorare le meraviglie che il mondo ha da offrirti non dovrai più farti problemi.
Questo grazie al guadagno fisso che riuscirai ad assicurarti e alla libertà di poterti permettere una vacanza più o meno lunga a seconda delle tue preferenze;

- Il viaggio spirituale che avrai la possibilità di intraprendere se riuscirai a liberarti dai pregiudizi derivanti dalla mancanza di un posto fisso e dall'obbligo di sentirsi fintamente "al sicuro". Questo tipo di viaggio ti consentirà di crescere enormemente poiché ti porrà di fronte una nuova prospettiva di vita in cui sarai tu il padrone del tuo tempo e le redini del libero arbitrio torneranno a essere in mano tua.

Liberarsi dalla morsa della monotonia può non essere semplice poiché tutto intorno a noi ci suggerisce – o meglio ci obbliga – a mantenere il nostro status-quo, a comportarci in modo socialmente corretto e a sottostare alle regole imposte da qualcun altro. Tuttavia, questo degradante modo di condurre la propria esistenza non può e non deve essere l'unica alternativa possibile.

Cosa aspetti? Liberati dalla maschera che la società ti ha imposto di portare e orientati verso una nuova prospettiva basata sulla libertà d'espressione e di scelta (lavorativa e non).

Intraprendi il tuo viaggio: fa' i biglietti per l'Alaska e prendi il primo volo verso la tua rinnovata consapevolezza!

Capitolo V:
Perché rincorrere il posto fisso, nell'era di internet, non è conveniente

Nell'era in cui viviamo è necessario prendere coscienza che il "dio" internet, nel bene e nel male, ha ormai monopolizzato l'intero sistema civilizzato nel quale viviamo. Ormai non esiste operazione che questo mezzo non ci possa consentire di effettuare: dalla ricerca della più disparata notizia ai consigli su diete e stili di vita, fino allo shopping.
Per quanto riguarda le fonti di guadagno, questo tipo di sistema risulta comunque essere un ottimo modo, spesso ignorato, per assicurarsi entrate fisse sempre più conformi alle proprie passioni.
L'ormai obsoleto lavoro caratterizzato dal "posto fisso" è stato abbondantemente superato, e il suo rivale si chiama "lavoro online". Questo sistema di reddito risulta essere infatti molto più stimolante e accattivante del classico modello lavorativo a cui tutti siamo abituati.

Ma come mai?

In primo luogo, la possibilità di svolgere l'attività lavorativa comodamente dalla poltrona del proprio studio casalingo risulta essere un'alternativa molto più vantaggiosa rispetto all'obbligo di doversi recare in un posto di lavoro spesso lontano dalla nostra zona, magari poco ospitale e "popolato" da colleghi non proprio simpatici.
Inoltre la molteplicità di offerte proposte dal web è sorprendentemente più ampia e più facilmente raggiungibile rispetto al lavoro che tutti conosciamo. A testimonianza di questo, prova a digitare "lavoro online" e simili sul tuo motore di ricerca.
Ti si saranno sicuramente stagliate di fronte agli occhi un'infinità di alternative che possono avere come unico effetto collaterale l'imbarazzo della scelta! Non ti resterà dunque che interrogarti su quelle che sono le tue passioni e le tue capacità e vagliare attentamente ogni incredibile offerta che il web ha da offrirti!
Ti basterà premunirti di qualche semplice accorgimento per cominciare ad affrontare il mondo lavorativo online:

- Un curriculum vitae redatto in modo semplice e chiaro, che sappia metterti in gioco al meglio per esempio nel caso di eventuali collaborazioni;
- Un account PayPal che ti permetta di ricevere nel modo più sicuro e immediato i pagamenti che verranno effettuati sul tuo conto;
- Una buona dose di intraprendenza e consapevolezza delle tue capacità.

L'altra faccia della medaglia, tuttavia, racconta brutte esperienze dovute alla poca dimestichezza o all'incoscienza con la quale si è intrapreso un viaggio così delicato.

Presta molta attenzione e cautela alle opportunità lavorative che il web ti propone: come tutte le cose può essere un'arma a doppio taglio, e nell'ottica di prevenire qualche brutto "scivolone" è meglio procedere con la massima attenzione.

Più avanzerai sulla strada mondo del lavoro online più acquisirai dimestichezza e indirizzerai in modo sempre più convinto la tua carriera verso un futuro pieno di guadagni facili e libertà di scelta. Stai attento però, i guadagni facili sul web di cui si parla non sono del tutto a costo zero: servirà, soprattutto inizialmente, tutto il tuo impegno e la tua forza di volontà per avviare la tua nuova attività che, se concepita fin dall'inizio in modo ottimale, ti permetterà di vivere di rendita.

Ad esempio uno dei modi più semplici per iniziare è di scrivere un breve libro e pubblicarlo su Amazon (come ho fatto io). Un altro modo è aprire un blog, scegliendo un argomento specifico, e far pagare delle quote mensili ai tuoi lettori.

Se vuoi saperne di più, inviami una mail a depsa173@gmail.com

Capitolo VI:
Perché non vale la pena lavorare una vita per una pensione che forse non arriverà mai.

Le prospettive dell'INPS parlano chiaro: entro il 2025 si prospettano circa 10 miliardi di perdite l'anno**. Ciò significa che il futuro dei pensionati italiani è già segnato da un rosso sistematico e disastroso che getterà tutti nel baratro più totale.

Questo dato è il punto di partenza per ragionare su un fatto ormai ovvio: come possiamo fidarci di un ente di previdenza in condizioni così disastrose al fine di salvaguardare dei guadagni lavorativi già miseri che probabilmente non ci faranno neanche godere di una pensione decente?

È chiaro che lavorare una vita come un mulo non è più il sistema più efficace per assicurarsi quanto meno una vecchiaia dignitosa, vecchiaia che, tra le altre cose, ha visto il suo limite inferiore arbitrariamente "spostato" dalla società a un'età di oltre 70 anni.

La possibilità di godersi in pace e meritata serenità l'ultima parte della propria vita è stata infatti strappata dalle mani degli italiani che vedono il proprio futuro e quello dei loro cari sempre più incerto e buio.

La domanda dunque nasce spontanea: vale davvero la pena di continuare a lavorare per una vita intera aspettando una pensione che forse non arriverà mai?

**http://www.ilfattoquotidiano.it/2015/10/28/inps-allarme-del-consiglio-di-indirizzo-buchi-da-10-miliardi-fino-al-2025-e-rischi-per-i-servizi/2167804/

Per rispondere a questa domanda, analizziamo i fatti concreti, fatti che ci portano alla conclusione che il lavoro stipendiato dallo stato costituisce:

- **Un inutile spreco di energie**

Ogni giorno il lavoratore medio si alza di buon mattino, si concede un caffè prima di prendere la macchina, il treno o la metro al fine di raggiungere un posto di lavoro che, con tutte le probabilità, avrà in serbo per lui interminabili ore di smisurata fatica ed energie sprecate.

A tutto questo sistema si aggiunge la frustrazione di non trovare l'adeguato riscontro monetario in relazione ai propri sforzi, e il malcontento cresce in silenzio. Crescono assieme ad esso le ansie e le preoccupazioni che spesso compromettono la salute del lavoratore.

- **L'inevitabile trascuratezza delle proprie passioni**

La spersonalizzazione a cui porta l'ambiente lavorativo che tutti conosciamo è il primo passo verso la totale noncuranza delle proprie passioni e delle inclinazioni naturali che rendono unico ognuno di noi. Dover sottostare alle regole che qualcun altro ci impone deliberatamente, essere spesso costretti a portare una divisa che ci rende "uguali" al nostro collega, l'incredibile alienazione a cui porta il continuum lavorativo che procede ogni giorno nella sua monotonia… sono tutti elementi che ti portano inevitabilmente a trascurare le tue passioni e a dimenticare chi sei veramente.

È davvero questa la vita che ti riservi di condurre?

Se sceglierai di seguire le tue passioni anche e soprattutto in ambito lavorativo non solo migliorerai il tuo rendimento generale, ma vivrai una vera e propria rinascita che ti permetterà di affrontare la vita con più positività e consapevolezza dei propri mezzi.

- **L'inevitabile trascuratezza dei propri cari**

Le interminabili ore che spendiamo in ambito lavorativo sono tutte sottratte al sorriso di una moglie, di un marito, di un figlio o di un amico. Ore che nessuno può restituire, e che a lungo andare pesano su intere famiglie alimentando il malcontento. Con un lavoro che garantisce un tipo di reddito passivo non sarà più un obbligo preferire il lavoro alla famiglia per la paura di essere licenziati: sarai tu a gestire il tempo che hai a disposizione e potrai finalmente dedicare le dovute attenzioni ai tuoi cari.

- **L'impossibilità di godersi adeguatamente la propria vecchiaia**

Trascorrere gli ultimi venti/trent'anni della propria esistenza in modo sereno e dignitoso è un diritto inalienabile per ogni essere umano. Tuttavia, i dati sempre più preoccupanti provenienti dagli enti per la previdenza sociale (vedi INPS) non lasciano presagire nulla di buono: età di pensionamento in continuo aumento, erogazione del denaro dovuto sempre minore fino ad arrivare a cifre da fame che non permettono di arrivare dignitosamente alla fine del mese.

È davvero questo il giusto compenso per un'intera vita spesa a "sgobbare come muli" dentro il cubicolo di un'azienda o di un ufficio?

Tutte queste constatazioni non costituiscono un rischio probabile bensì una solida realtà, che va affrontata e cambiata per non gettare all'aria la propria esistenza. Il quadro generale, infatti, parla chiaro: tra trascuratezza della propria persona e degli altri e un futuro completamente compromesso il baratro della depressione diventa un finale quasi obbligato. È in continua crescita infatti il fenomeno di esaurimento nervoso dovuto all'ambito lavorativo e a tutto ciò che ne consegue.
Lo stato depressivo a cui questa situazione porta è tutt'altro che facilmente trattabile: è difficile provare a riprendersi quando il proprio futuro lavorativo è del tutto compromesso e così anche la propria vecchiaia, per la quale ormai non esiste più rispetto.
È per tutti questi motivi che è necessario prendere in mano la propria vita e dire NO a un sistema che ci vuole omologati e senza futuro, spalancando le porte al trionfo delle nostre passioni e a un'entrata sicura e costante che, se gestita correttamente, saprà regalarti la vecchiaia che meriti!

Capitolo VII:
Come guadagnare online

Come già anticipato in precedenza, ci sono svariate attività lavorative per aumentare i nostri guadagni. Guadagnare online può costituire un modo stimolante e divertente per assicurarsi entrate sempre maggiori che garantiscono una sempre più agiata condizione economica.

Vediamo di seguito alcune interessanti attività lavorative da svolgere online che possono fare al caso tuo. Di alcune avrai già sentito parlare, altre magari ti sorprenderanno e altre magari ti faranno sussultare poiché sorprendentemente adatte alla tua persona!

- **Aprire un blog**

La realizzazione di un blog di successo richiede passione e costanza, tuttavia con una buone dose di impegno e con un po' di talento per la scrittura sarà sicuramente uno dei modi più stimolanti e creativi per guadagnare un po' di soldi!

Guadagnare con un blog non è difficile se sai come farlo: ricordati di inserire parole chiave accattivanti e ricercate e di servirti di servizi pubblicitari come per esempio Google Adsense che ti permetteranno un maggiore introito. Ti consiglio inoltre, se sceglierai di aprire un blog, di arricchire i tuoi articoli con video e altri extra che possono procurarti un maggiore interesse e dunque un guadagno sempre più alto. Più procederai nel mondo del "blogging" e ti farai conoscere, più prenderai la mano con i vari trucchi del mestiere: se saprai giocarti le tue carte, curare uno o più blog può fruttarti davvero parecchi soldi che potrai guadagnare comodamente tranquillamente da casa tua.

- **Pubblicazione di e-book**

Scrivere è la tua passione o il tuo sogno nel cassetto? Hai sempre desiderato pubblicare un libro ma non ne hai mai avuto il tempo o la possibilità? Questa è la tua occasione per rimetterti in gioco: grazie a numerose piattaforme (come per esempio Lulu o Kindle Direct Publishing di Amazon) ti sarà possibile accedere al mondo della pubblicazione di libri online e dare sfogo alla tua creatività!

Se vuoi saperne di più su blog e redazione di e-book, inviami una mail a depsa173@gmail.com

Proseguendo sul filone della scrittura, se è la carriera da articolista la strada che stai cercando, esistono diversi siti come generazioneweb o blastingnews che, in seguito a una semplice verifica delle tue capacità, ti offrono la possibilità d pubblicare veri e propri articoli (sempre pagati) sui temi più disparati!

Se invece la tua aspirazione è redarre testi sotto commissione esistono altrettante piattaforme di copywriting come per esempio Textbroker o Melascrivi che ti permetteranno di guadagnare somme cospicue grazie alla redazione di testi originali commissionati da clienti esterni!

- **Affiliazioni**

Un altro modo efficace per guadagnare online riguarda le cosiddette affiliazioni.
Ma in cosa consiste il sistema di affiliazione? Semplice: i produttori di beni e servizi che devono vendere al dettaglio decidono di permettere a chiunque voglia diventare rivenditore dei prodotti (affiliato) di percepire un compenso monetario su tutte le vendite effettuate a suo nome.
Per diventare affiliato sarà necessario iscriversi a un programma di affiliazione, copiare i link e i banner per la sponsorizzazione di un determinato prodotto e incollarlo nel proprio blog o sito internet, così da pubblicizzarlo e permettere una maggiore notorietà del prodotto stesso.

Semplice no? E ti assicuro che è anche un modo semplice per guadagnare monete sonanti! Se compi una rapida ricerca in merito ti renderai conto di quante persone svolgano da parecchio tempo attività di affiliazione da anni in modo a dir poco soddisfacente!

- **E-commerce**

Hai un armadio pieno di vestiti che non metti più o un garage colmo di inutili cianfrusaglie che non hai mai neanche tolto dalla confezione? È giunto il momento di prendere due piccioni con una fava: fare un po' d'ordine e guadagnare un po' di soldi senza troppo sforzo!

Il sistema dell'e-commerce si compone di una serie quasi infinita di piattaforme che permettono di vendere i propri oggetti inutilizzati online, e non solo: con un po' di creatività e impegno potrai creare una vera e propria piccola attività vendendo piccole o grandi creazioni personali del tutto originali che ti frutteranno parecchi soldi oltre a una grande soddisfazione! Inoltre, in questo modo, non sarà difficile crearsi un piccolo seguito di persone che conteranno su di te per acquistare il prossimo gioiello originale o la prossima maglia alla moda.

Tra le piattaforme di e-commerce (commercio interattivo) più celebri e affidabili che possono aiutarti in un percorso del genere ricordiamo Amazon, Ebay o Ecommerce.

- **Investire in borsa**

Uno dei metodi ancestrali per guadagnare online è sicuramente il trading in borsa. Tramite questa attività avrai la possibilità di investire il tuo denaro in determinati strumenti finanziari (azioni, forex, opzioni americane, valute, commodities)

Ovviamente questo tipo di attività richiede un minimo di dimestichezza in campo finanziario, che permetterà di navigare in acque sicure e aumentare man mano le proprie rendite. Se non sai come investire in borsa, niente paura: esistono, anche online, delle guide e dei corsi interamente dedicati all'argomento che ti semplificheranno il lavoro! Personalmente mi sono affidato ad un corso in aula, in modo tale da avere una interazione con il docente. I risultati positivi si sono visti già nei primi mesi.

Se vuoi saperne di più su e-commerce e trading, inviami una mail a depsa173@gmail.com

Questi sono alcuni esempi dei numerosissimi metodi di guadagno online: cosa aspetti dunque a effettuare una ricerca per trovarne dei nuovi? Ricordati che il mondo del web è un continuo sistema di ricircolo di nuove idee che aspettano solo te per essere messe in pratica!

Capitolo VIII:
Diversificare le entrare: dipendente part-time e soldi extra online

Se riuscirai a diversificare i tuoi guadagni sarà sempre più semplice per te sentirti libero da troppi vincoli e padrone del tuo tempo.

Ma come fare ad avere entrate diverse?

Per esempio, potresti sfruttare il lavoro part-time unito al guadagno di soldi extra online. Il lavoro part-time ti permetterà di non essere subordinato in modo totale alle dipendenze di qualcun altro, oltre al fatto di avere una maggiore libertà nella gestione del proprio tempo e più spazio per se stessi.

Questo tipo di contratto di lavoro costituisce una fonte di guadagno sempre più diffusa in Europa, non limitandosi più solamente all'assunzione di semplici dipendenti, ma anche di importanti figure manageriali. Se saprai gestire adeguatamente la tua giornata, inoltre, avrai la possibilità di inserire la pratica di attività online (vedi il capitolo precedente) che ti consentirà di aumentare notevolmente i tuoi guadagni.

La diversificazione delle entrate è il modo migliore per cominciare a diventare padrone di te stesso, oltre a essere molto più stimolante e meno monotono del lavoro che tutti conosciamo.

NB: Se davvero vuoi vivere di rendite passive online e offline, senza rischi, prenditi due minuti e inviami una mail a depsa173@gmail.com

Capitolo IX:
Come risparmiare evitando spese inutili e usando la creatività

Nell'ottica di disporre di una quantità di denaro sempre maggiore non si può non parlare delle varie modalità di risparmio, che al giorno d'oggi sono diventate indispensabili per la maggior parte di noi. Tuttavia...bada bene, non ti sto dicendo che devi essere costretto a non accendere la luce o evitare di farti la doccia per avere più soldi da parte, ma di risparmiare in modo intelligente usando la creatività e divertendoti così da fare del risparmio il tuo nuovo hobby!

Ecco qui di seguito riportati alcuni esempi di risparmio che ti aiuteranno a mantenere il tuo flusso di cassa sempre positivo:

- **Regala nuova vita a ciò che avevi intenzione di buttare**

I barattoli vuoti di conserve o pelati possono servire per "ospitare" nuove cose, una vecchia cassetta della frutta che avevi intenzione di buttare può diventare la nuova cuccia del tuo cane. Tutte queste cose e molto altro sono possibili grazie a poche accortezze che ti consentono di riciclare utensili che avresti altrimenti gettato, permettendoti di risparmiare evitandoti l'acquisto di inutili oggetti.

L'arte del riciclaggio è ormai una moda consolidata nel mondo odierno, nonché un hobby adottato da molte persone per occupare il tempo libero risparmiando parecchi soldi.

- **Inventa ricette sane e gustose con un budget limitato**

Per soddisfare il palato non è necessario acquistare pregiato caviale o aragosta: ti stupirai di quanti piatti gustosi e prelibati potrai preparare con il solo ausilio di ingredienti semplici ed economici. Inoltre, fare la spesa in modo intelligente al fine di cucinare ricette sempre nuove con un budget ridotto saprà affinare il tuo ingegno e stimolare il tuo intelletto, diventando un hobby divertente e originale che stupirà sicuramente il tuo palato e quello dei tuoi ospiti!

- **Ama te stesso e il tuo borsellino preferendo i piedi alla macchina e ai mezzi pubblici**

Ormai è risaputo: lo smog e l'inquinamento che attanagliano il nostro pianeta da tempo immemore costituiscono una minaccia concreta per il nostro ecosistema. E allora quale miglior modo di aiutare sia i polmoni del mondo in cui viviamo che il nostro borsellino preferendo camminare a piedi e usare i mezzi solo quando strettamente necessario? Oltre a migliorare anche il proprio stato di salute e quello del pianeta terra, infatti, camminare ci aiuta a risparmiare parecchi soldi che utilizzeremmo altrimenti per benzina e/o biglietti e abbonamenti vari per i mezzi pubblici. Come vedi, utilizzare i propri "mezzi fisici" per spostarci sembra non avere alcuna controindicazione!

- **Arreda la tua abitazione in modo originale con elementi di recupero**

Hai voglia di cambiare un mobile o acquistarne uno nuovo ma non hai intenzione di spendere ingenti somme di denaro in un negozio apposito? Libera la tua creatività e comincia a ingegnarti: gli elementi di recupero nell'arredamento sono ormai diventati un must per tutti coloro che seguono la moda del "vintage" e dello "stile industriale", sempre più in voga al giorno d'oggi. E allora via libera a pallet, cassette della frutta, vecchi utensili inutilizzati: con qualche conoscenza basilare del fai-da-te, qualche ricerca su internet e pochi euro spesi in un negozio per il bricolage il tuo hobby nuovo di zecca potrà prendere piede e costituire per te un'interessante fonte di risparmio!

Come vedi sono veramente numerosi i metodi di risparmio che possono dare sfogo alla tua creatività, ora non ti resta che armarti di chiodo e martello e costruire il tuo prossimo comodino con una vecchia cassetta della frutta!

Conclusione motivazionale

Siamo giunti alla fine del nostro percorso su come cercare di mantenere il flusso di cassa sempre positivo grazie ad entrate differenti da quelle del classico lavoro da dipendente. Adesso è giunto il momento di ricapitolare e di tirare le somme sul percorso che abbiamo intrapreso qualche pagina fa.

- **Diminuisci progressivamente il lavoro da dipendente grazie al guadagno passivo**

Ti è stato detto, in tutte le salse, dall'inizio: il lavoro da dipendente, ormai obsoleto, non è in grado di assicurarti un futuro dignitoso e una pensione decente. Il guadagno attivo obbliga a compiere uno sforo sproporzionato rispetto al guadagno che si matura, mentre invece se imparerai un po' alla volta a sostituire il più possibile il lavoro da dipendente con attività di guadagno passivo la corrente si invertirà repentinamente: il tuo reddito comincerà a lievitare e il tuo tempo tornerà sotto il tuo controllo, facendoti respirare di nuovo l'aria che meriti!

- **Crea entrate extra**

Se non riesci a sostituire completamente il lavoro da dipendente puoi comunque avvalerti di un lavoro part-time corroborato dalle entrate extra provenienti per esempio dal web. Le opportunità di far crescere i propri risparmi sono sempre di più e spetta solo a te riuscire a organizzare il tuo tempo in modo da poterti permettere di fare le tue meritate vacanze e passare il tempo che vuoi in compagnia dei tuoi cari.

Diversificare le entrate ti aiuterà ad avere più soldi a disposizione e a crescere interiormente in quanto riuscirai a organizzare meglio il tuo tempo in modo del tutto personale, e saprà risvegliare le tue passioni da troppo tempo sopite a causa di un lavoro sempre monotono e ripetitivo.

- **Asseconda le tue passioni**

Se avrai il coraggio di seguire le tue passioni riuscirai sicuramente a generare un guadagni extra grazie alla messa in pratica di attività che rispecchiano le tue inclinazioni. Sia che tu sia un appassionato di finanza, di scrittura, di lavori manuali o di giornalismo, riuscirai a costruirti con le tue mani la tua personale carriera sul web che ti garantirà una soddisfazione personale sempre maggiore oltre a fornirti monete sonanti per rimpinguare il tuo salvadanaio!

- **Impara l'arte del risparmio e coniuga convenienza e fantasia!**

Risparmiare non è mai stato così utile e insieme stimolante: reinventati falegname e architetto costruendo nuovi mobili e utensili con le cianfrusaglie del tuo garage, diventa chef cucinando piatti sempre nuovi con ingredienti sorprendentemente economici ma ugualmente nutrienti, mantieniti in forma preferendo una salutare camminata al "costoso" smog della metropolitana!

Il segreto del risparmio è uno dei primi passi da compiere verso un accumulo di denaro sempre maggiore, oltre a poter diventare uno stimolante hobby capace di coniugare l'utile al dilettevole e a risvegliare la tua creatività!

- **Goditi la tua meritata pensione!**

Ed eccoci giunti al fine ultimo della nostra esistenza nonché al periodo che ci ripagherà di tutti gli sforzi fatti nel corso della vita: la pensione. Ricordati che sei solo tu a decidere quale accezione dare a questo termine, non il tuo datore di lavoro né lo stato.

Se entri in sintonia con il significato di questo libro ti renderai conto di come la tua "pensione" possa non solo essere serena e agiata dal punto di vista economico, ma di come questo termine non coinciderà più al concetto di "vecchiaia": segui i nostri consigli e non precluderti la possibilità di andare in pensione entro i 50 anni, come insegna il bellissimo libro di un certo…Salvatore De Pascalis!

Tutto quello che devi fare è imparare a gestire il tuo denaro e il tuo tempo così da generare guadagni passivi che ti permettano di essere tu stesso il programmatore della tua pensione: crea un salvadanaio personale che ti consentirà di avere alle spalle una solida sicurezza economica.

Alla fine di queste pagine, non mi resta che augurarti buona fortuna e ricordarti che se c'è qualcuno che ha in mano le redini della tua vita, quello sei tu. Non esiste datore di lavoro che tenga, non esiste INPS o ufficio: tu sei il padrone di te stesso nonché unico responsabile del tuo tempo e della tua libertà. Perciò raccogli tutto il tuo coraggio, le tue passioni, il tuo talento e i tuoi sogni nel cassetto e fai diventare tutto questo una realtà concreta!

Fai in modo che questo libro sia solo il trampolino di lancio verso un cammino di crescita lavorativa e interiore che saprà salvaguardare non solo il tuo borsellino, ma la tua intera esistenza!

ME LO FAI UN FAVORE?

Questo libro ti è piaciuto? Lasciami una recensione!

BIOGRAFIA

Ciao, mi chiamo Salvatore De Pascalis e sono un IMPRENDITORE DIGITALE.

Nasco nel 1979 nel Salento, il tacco d'Italia. Dopo aver completato gli studi (diploma liceo artistico, laurea in Scienze Religiose) e aver raggiunto ottimi risultati in ambito sportivo (pluricampione italiano di canottaggio), inizio a lavorare come istruttore sportivo nei villaggi turistici. È stata una esperienza molto formante, ho imparato a lavorare a contatto con il pubblico e ho acquisito molte competenze in ambito organizzativo e gestionale. Dopo 10 anni di stagioni in giro per il mondo sono approdato a Milano ed ho iniziato a lavorare come commesso, poi mi venne presentata l'opportunità del network marketing, che accolsi con molto piacere perché mi permetteva di creare dei guadagni slegati dal tempo, senza investire grossi capitali e con rischio di impresa pari a zero. Nel 2017 inizio a lavorare in banca come consulente informatico, ma dopo 3 anni, stanco di stare dietro ad una scrivania e completamente alienato da una vita piatta e sempre uguale, lascio il lavoro "fisso" per dedicarmi allo sviluppo di redditi passivi, integrando le mie entrate con il trading e con altre forme di guadagno legate al mondo digitale. Se ti è piaciuta anche solo una delle idee che ti ho descritto, ti invito a contattarmi per una consulenza in ambito guadagni online e guadagni passivi.

"Solo 2 cose non tornano indietro: una freccia scagliata e una occasione perduta"
Jim Rohn

www.ingramcontent.com/pod-product-compliance
Lightning Source LLC
Chambersburg PA
CBHW072239230526
45466CB00025B/2162